새벽을 떠나는 전언

도종길 시집

새벽을 떠나는 전언

도종길 시집

도서출판 두손컴

새벽을 떠나는 전언
·
2013

시인의 말

  또 한 해가 저물어가고 있다.

  살아간다는 의미는 근원적으로 목적한 삶에 보다 근접한 행복과 뜻과 희망을 가지는 가치관일 것이다.

  더불어 인생의 축소판인 문학적 표준을 들여다보며 나 자신이 가지는 하나의 영역으로 보람과 꿈과 이상을 창출하고 싶었다. 어떤 목적의식을 가진 큰 틀의 안이한 추상시나 상징시보다, 꾸밈없고 소박한 가장 인간적인 면모의 현재진행형의 시로 훈훈하고 아름다운 우리들의 삶에 연관된 친서민적인 시를 써보려 애썼다.

  우선 부끄럽다.

  이 한 권의 시집을 상재하면서 각고의 노력으로 나름대로 문학의 지평을 넓혀보려 한다.

2013년 11월

저자 도 종 길

도종길 시집

차례

시인의 말 · 5

제1부 새벽을 떠나는 전언

새벽을 떠나는 전언 / 13
어떤 추억 / 14
나그네 / 15
양귀비 / 16
항아리 / 17
시상을 떠올리며 / 18
늦가을 / 19
가면 / 20
방황 / 21
비망록 / 22
영감님의 수레 / 23
시계 / 24
벌초 / 25
밤 열차 / 26
겨울바람 / 27
엽서 한 장 / 28

제 2 부 나를 들여다보기

창가에서 / 31
너의 모습 / 32
빈집 / 33
종이배 / 34
산촌의 밤 / 35
수족관 / 36
할미꽃 / 37
갯마을 / 38
꽃의 염원 / 39
가을 들녘 / 40
어떤 자유 / 41
나를 들여다보기 / 42
파타야 산호섬 / 43
위와 아래 / 44
들꽃 / 45
평행선 / 46

제3부 가고파

가족 / 49
병풍 / 50
동반자 / 51
산사를 오르며 / 52
낭설 / 53
가고파 / 54
한세상 / 55
서낙동강 / 56
가을강 / 57
귀갓길 / 58
간판 / 59
치매 / 60
건망증 / 61
차를 마시며 / 62
일몰 / 63
숲으로 가는 길 / 64

새벽을 떠나는 전언

제4부 현재와 미래

홀로 / 67
꿈속에서 / 68
모닥불 / 69
산사의 봄 / 70
터널 속에서 / 71
해변로 / 72
달빛 / 73
우체통 / 74
원두막 / 75
단풍 / 76
그리움 속의 인연 / 77
등대 / 78
새 / 79
현재와 미래 / 80
사막 / 81
불꽃놀이 / 82

제 5 부 세월소리

돌부처 / 85
세월소리 / 86
기념사진 / 87
유랑 / 88
안개의 날 / 89
외나무다리 / 90
기일忌日 / 91
고독 / 92
한세상 / 93
가을 새 / 94
그날 이후 / 95
사격장 / 96
고독을 말하며 / 97
인형 / 98
오해 / 99
삼남의 눈 / 100

「작품해설」 서정시의 폭넓은 영역과 다양한 주제를
상징시로 유화한 시편 / 시인 최창도 — 101

1

새벽을 떠나는 전언

새벽을 떠나는 전언

변하지 않는 사랑이 어디 있으며
무릇 변하지 않는 우정이 어디 있으랴

꽃이 피고 지듯
먹장구름 순식간에 비가 되듯
모든 것은 그렇게 변해가는 것

이 세상에
변하지 않는 삶이 어디 있으며
변하지 않는 운명이 어디 있으랴

바람에 흔들리고
때로는 비에 젖으며
변화무쌍한 자연의 섭리로
또 그렇게 변해갈 것이다

손가락 걸고 맹세한 사연도
세월 지나고
마음 떠나면
변하는 것

다만
변할 수 없는 것은
오늘도 신선한 새벽의 아침을 떠나는
영원불변의 진리일 것이리라

어떤 추억

순간을 지난 흔적은
언젠가 다시 기억된다

가장 외롭고 쓸쓸할 때
모든 것이 떠나고
혼자인 것처럼 적막할 때

한 마력처럼 뇌리에
깊이 각인되는
흔적과 자취들

오늘을 물리치며
내일처럼 기억되는
한 시절의 꿈

지금도
그 시절의 설렘으로 간직한
오래된 그리움 하나

나그네

햇살 떨어진 강가
우두커니 바라보는 세월처럼
노을을 짊진 사내 하나
무료히 서있다

무수한 발자국이 떠난 나루터
눈길 가지런히 쳐다보며
바람이 일으키는 풀소리 들으며
얼마나 서 있었을까

물소리 곁으로
발걸음으로 옮기는 사내의 등 뒤에
서녘의 별 하나
이정표처럼 따라나서고 있는
겨울 강나루

양귀비

요염한 꽃송이 하나
간드러진 웃음 빼물고
여름을 지키고 있다

한 뼘의 불타는 양지 위에
한 지조처럼
그의 이름 새기며

여름을 겨냥한 앙금처럼
칼날 같은 웃음으로
불볕더위를 이기고 있다

항아리

수많은 사람들의 손때가 묻은 세월은
늘 향기로워서
아기자기한 이야기로 머문다

달과 별이 기웃거리는 하루도
순식간에 지나고
더욱 하강하는 온도계의 눈금만큼

오, 낮은 곳으로부터
내 안을 가득 채울 임자를 위해
달빛 푸른 밤에도
호올로 수절하고 있다

시상을 떠올리며

처서를 달려오는 바람
뭔지 모를 가을의 외로움 같아

가만히 시집 한 권 펼쳐들고
시상을 떠올리며

주옥같은 시어들을
흥얼거려 보건만

읽던 책 벗어두니
마음 안에 담아두었던 시어 사라지고

한 구절 읊어보려
느낌 속에 빠져 봐도

찾는 시어 다시 오질 않고
시름만 가득하니

하염없이 부질없는
바보 같은 생각에

왼종일 깊은 생각에 헤매이다
하루해를 전송하네

늦가을

언제나 해맑은 웃음으로
길을 내어주던
강변의 풀꽃들은
서러운 표정으로
길손들을 전송하네

간혹 키 큰 나무 잎들이
주홍으로 불타는 오솔길에
무리로 선 코스모스 군락들의
반짝이는 웃음도 볼 수 없는
저녁 어스름

한해를 전송하듯
마지막 절규 같은
애끓는 울음의 풀벌레 소리들
무리로 무리로 건너온
강변의 가을
오늘 억울하게 해 떨어지다

가면

오늘도 나는 나를 집에 두고
길을 나선다

나 아닌 나로 행세하며
일하며 보고 듣고
만나는 사람들

그리고
나를 위장한 내가
꾸미는 여러 일상들

일치할 수 없는 생각들을 거느리고
하루를 위장한 내가
퇴근 이후
집에서 만나는 나와
거울을 보며
비로소
오늘의 가면을 벗는다

방황

아무것도 가질 수 없고
아무것도 할 수 없는 낭패한 날
무작정 길을 걸어본다

지나가는 모든 것들은
스스로 움직이며
하루의 시간이 되는데

자꾸만 음습하는 우울은
나를 허무는데

길들은 자꾸만
내 생각을 앞서 가는데

나는 어디로 가는 것일까
잊어버린 어제를 기억함일까
오늘도 미로를 지나는 투명한
내일이 언뜻 보인다
의미있는 정제된 침묵처럼

비망록

내가 나를 망각한 시각에도
그는 종일 눈뜨고 싶다

초롱초롱한 눈망울로 기억하는
순간의 일념들을 간직하며
때로는 마무리짓지 못해
후일을 기약할 것들과

더러는 시간과 어울리지 못한
일치로 가는 해답을 위해
남겨놓은 수많은 기억들

결코 쉽게 지울 수 없는
시간의 현장들

영감님의 수레

고물수레 하나가
온갖 잡동사니들을
잔뜩 싣고 갑니다

종일 노동이 펄럭이는 거리를
도심의 길을 간신히 지납니다

새벽을 호호 불며
일어나는 새들이 가끔 동무하는 교차로
우선멈춤의 그곳에서
영감님은 잠깐 땀을 씻습니다.

무게를 잔뜩 짐진 수레가
이제 떠날 채비를 합니다

영감님의 나이만큼 오래된 길 위에서
잠시 쉬고 있던
가을바람들이
영감님 뒤꼍을 밀며
새아침의 길을 함께 나아갑니다

시계

무거운 체중을 안고
하오로 가는 시계를 본다

오늘의 일과는 빈틈이 없었는가
보람과 완성은 어느 만큼인가
균형은 늘 감각을 일깨워도
불안은 헝클어진 미로처럼 어둡다

먼 데서 밀려오는
부질없는 고독감 같은 것
전신을 피로에 젖게 하는 하루

멈추지 않는 시계가
구슬땀을 흘리며
부지런히 나를 따라오고 있는 이 시각
나는 이미 시간의 노예가 된 지 오래다

벌초

음력 팔월 초순
숫돌에 낫 갈고 예초기 정성스레 챙겨
산장 속에 깊이 잠들어 계시는
조상님 찾아뵙는 날

어릴 땐 한결같이
아버님을 따라다녔던 이 길
지금의 내 아들에겐
미지의 세계로 남아 있는 이 길

웃자란 머리 수염 손톱 발톱
차례로 깎아드리고
바람에 실려온 뭉게구름 한 폭 끊어
새 잠자리 마련해 드린 후
소주 한 잔 올리며
이승의 인사로 뵙는다

밤 열차

세상의 숨소리까지 잠든 적막을
가로지르며
우람한 굉음으로 닿는
지표마다
모든 것은 숨을 죽이며
일시정지로 있다

하루의 균형을 무너뜨리며
저 홀로 야성의 울음으로
밤을 포효하는 저 괴성

모든 것이 침묵하는 광야를
시위를 떠난 화살처럼
죽기 살기로 달리는
일편단심

겨울바람

차디찬 겨울바람
광풍으로 춤을 춘다

겨울의 끝자락
알지 못하고

강 건너 봄의 소리
미처 듣지 못하고

매서운 겨울바람
돌풍으로 춤을 춘다

언 땅 아래 약동하는
새순 있음 모르고

가는 계절 동무해서
떠나갈 줄 모르고

새순 돌아난 후
그때야 후회하는

오고감을 알지 못하는
우둔한 저 겨울바람

엽서 한 장

세월의 흔적에 닿지 않을
너의 자취와
빼곡히 들어찬 음성을
읽는다

소리들도 건너지 못할
먼 곳의 친구여

먼 응시로
서로의 마음을 나눈 시각
이제는 까마득히 잊은 지난 날

이제
가을을 닮은 너의 엽서 한 장
내 책상 앞에서
지금 그 시절의 우울을 만지고 있다

2

나를 들여다보기

창가에서

움직이는 것들과
제자리에 서있는 것들이
한동안 붙박이로 머문다

어쩌면 행복 찾기를 위해
제멋대로의 순간을 탈출하려
긴 행렬을 이루며
저마다 안간힘을 쓰고 있다

불안한 높이에서 보면
오늘이 서있는 자리에서
내일을 미리 들여다보듯

안 보이는 것과
보이는 것들이
한 균형을 찾기 위해
질서 없이 엉겨 있는
아침 출근길

너의 모습

비가 흩뿌린다
온종일 쉬지도 않고

창문을 두드리는 빗물 사이로
잊을 수 없는 얼굴 하나 다가온다

젊은 시절
우정과 꿈을 함께 키우며
인생을 노래하던 너

어쩌다
어쩌다
열차에 꿈을 빼앗겨 버렸나

비바람 부는 이 밤
너의 해맑은 모습 떠올려 보지만

언제나 지난날 추억들과 함께
깊은 상처로만 남는
아련한 너의 모습

빈집

벌써 십여 년을 홀로이 한 그 집
인기척 하나 없는
처량한 몰골의 그 집

다만 감나무가 지키는 울안
새들의 일가가 둥지를 튼
새들의 집
세월 흘러 다시 십년 후의
그 집은 어떤 모습일까

지나는 사람들마다
가끔 우울을 던져두고 지나는 그 집
오늘도 종일 새들이 종알대는
씨알 굵은 감들만이 지키는 그 집

종이배

어릴 때
아주 어릴 때
가위로 오려 접고
적당한 물감칠로
또래의 친구들과
여울가에 앉아 띄우면
풀잎에 멈춰서고
더러는 작은 돌멩이에 부딪히며
앞서거니 뒤서거니
아슬아슬하게 가던 배
손뼉 치며 큰소리로 응원하던
종이배
지금의 세월처럼 인생처럼
앞서거니 뒤서거니
나부끼던 그 종이배

산촌의 밤

별빛 달빛 모두 꽁꽁 숨은 밤
계곡의 물소리 우렁우렁
서둘러 새벽을 깨우는데

눈길 아득한 곳
풀잎 나뭇잎 흔드는 바람소리
서둘러 능선을 건너면

기울어진 산막 사이로
우중충한 앞산 뒷산의 그림자
함께 해돋이로 가는데
처음의 별 하나
아직도 올빼미처럼
길을 밝히고 있는
산촌의 밤

수족관

해풍 한 아름 안고 있는
수초의 산이 보인다

수평선 끝자락
공기방울로 오르는 산소들의 무늬
아름다워라

마을을 형성한 구릉 사이로
오늘도 천릿길을 헤엄치며
탈출을 꿈꾸는
저- 맹렬한 몸부림

할미꽃

할미꽃 생각하면
새록새록 피는 아이들
청량한 웃음소리 생각이 난다

깊이 패인 주름살에 세월 감춘
할미꽃 생각하면
보조개 이쁜
화안한 미소의
그녀가 그립은데

삶의 무게로 나이테로 다가오는
인생의 고비마다
교훈 주는 할미꽃의 전설은
오늘은 왜 이리도 목이 마른가

이 아침 심심한 묏등의 할미꽃
혼신의 힘으로 일어서려
지팡이 짚고 안간힘이다

갯마을

하오의 해가
긴 그림자로 뱃전에 누워있다

그물을 깁고 있는
늙은 어부들의
등 굽은 허리만큼
무료한 오후

마을을 지키는
장승의 어깨 위에
얹힌 새들 무리
나른한 햇살의
그림자 쪼고 있는
영일만 부근

먼 수평선의 배 하나
소실점으로 멀어지고 있는 노을 무렵

꽃의 염원

사시장철 억겁을 살고 싶은
마음 안으로

그 얼굴
그 표정으로
늘 무지개로 핀다

세상에서 제일이듯
우듬지 깊은 자존심으로

오늘도 꽃불을 밝히며
햇볕 멀리
하늘까지 아양으로 닿는
미소 한아름

가을 들녘

황금 들녘을 이루던 기슭마다
불면증을 앓던 허수아비들 사이로
새들 물러난 지평선에
불타는 노을이
기웃거리는 하오

알곡을 어루만지던 허수아비들
내년을 기약해야 하는 무렵

수확을 짐지고 가는 농부들의
어깨 위로 내리는
모든 것의 성스러운 풍요
십일월의
지평선을 점령한 눈부신 황금들녘

어떤 자유

누가 뭐라든 내식으로 산다면
가령 이치에 닿지 않고
다른 이의 눈총도 의식하지 않고
결연한 하루를
오직 나만을 위해 산다면

헤아리지 못할 고독도
역겨운 생활의 아픔도
세월도 타협하지 않고
홀로이 간다면

어쩌면 쉽게 이해되고
타협될 사안도
마음 아프다 해도
가령 그것이 나에게 영원히
후회하지 않을 인생이 된다면

나를 들여다보기

나는 왜 일치할 수 없는 마음으로
오늘도 나를 완성하지 못할까

한마음의 뜻으로 가져보는 희망들
늘 약속은 오래된 다짐처럼
나를 긴장시키는데
체면과 위선을 굴욕처럼 벗어놓고
나를 이동시키면
긴요한 텅빈 가슴은
스스로의 마음을 껴안지 못한다

모든 하루가 서성이는 근처에서
나는 왜 일치할 수 없는 마음으로
오늘도 나를 완성하지 못할까

파타야 산호섬

수평선 저쪽 뭉게구름 송이
해맑게 피어올라

찾아오는 이국의 길손
반가이 맞아주고

에메랄드 빛 바다물결
벗을 반기듯 손 흔들어주니
여기가 바로 무릉도원

순간 시름 벗어두고
신선이 되었으나

이별의 시간
세속인으로 돌아오니

즐거운 한때
다정한 벗들 잊지 못하고

떠나는 걸음걸음
꿈결만 같아라

위와 아래

하나의 질서와
곡절 많은 인생처럼
감히 넘볼 수 없는 영역
어쩌면 지나간 흔적과
극복할 수 없는 생애처럼
현재의 삶과 균형으로 맞서는
줄다리기
영원히 극복할 수 없는 상극

들꽃

무수한 입자처럼
무리로 무리로 일어서
어느덧
광야를 점령한 주인공이 되어
가을을 나부끼다

외로움과 슬픔의 뿌리를 극복하고
온 지평선에
무더기로 군락을 이룬
자애로운 평화

오늘도
온 하늘로 나부끼다
맨 처음의 순수처럼

평행선

위 아래와
옆과 모서리가
오래 달려온 지난 세월처럼
한 방향에서
두개의 마음이
절망 속에 갇힌 언어들처럼
간곡한 사연으로 있다

서로를 격려하며
건너지 못할 벼랑 끝에서
마주보며
한평생 이별로 마무리 되다

3

가고파

가족

언제나 어디서나
마음 안에 큰 희망과 행복으로
서로의 지킴이로
등불이 되는 가족들

늘 무사와 안녕을 빌며
내일의 건강과
무지개 꿈을 빌어줄
서로의 분신

때로는 고통과 시련의 순간에도
서로를 지키려 안간힘을 쓰며
우리 가족의 무한한 영토를 이룩하려
무한 신뢰로
희망의 새싹 가꾸는

언제나 사랑의 꽃으로 피는
아아 나의 가족
나의 사랑

병풍

남도의 봄이 절정인 샘터에
물 긷는 아낙네들의 수다가
아지랑이로 핀다

잎피리 문 또래의 아이들의
놀이터가 된
버들 숲변

높은 가지에서 어울린 새들
먼 하늘나라 얘기로
하루를 조잘대는데

꽃가마로 수줍게 지나는
새아씨 볼이
노을처럼 붉다

동반자

우리들의 질서는
늘 단호한 문장처럼
서로를 격려했다

일정한 시간 안에
더욱 명료한 하루가 오듯이

나부끼는 깃발처럼
서로를 지키며 위안하며
함께 한 세월은
거룩했네

언어들의 깊이처럼
서로의 결핍을 이야기하며

나는 언제가
너의 곁에서
차별 없는 배후에 닿고 싶다

산사를 오르며

구름들이 산의 이마를 식혀주는
7부 능선쯤
의연한 절 하나 있다

아무것에도 초연한 신선처럼
늠름한 모습으로
아기자기한 절터를 거느리고
천년의 나이테를 헤아리며

오늘도 중생들의 번뇌에 해답을 주며
바람소리
물소리 곁으로
천년 세월을 지킨 절 하나

구름 아래 산능선들 거느리고
일 년을 하루같이
한결같은 법문 소리로
지금 스스로를 깨우치는 중이다

낭설

소문은 가장 어두운 안쪽으로부터
기생한다
침침하고 낯설고 습지 같은 곳에서부터
잎을 피우고 뿌리를 내렸다

그리고
컴컴한 미로를 건너
자꾸만 가지를 치고
무성한 숲으로 번졌다

하지만
햇볕 무성한 양지에서는
숨을 죽였다
자신을 숨기며 침묵하며
아예 그림자도 없는 것처럼
겸손을 가장하며
위장한 자기를 감추며

가고파

가리라
돌아가리라
누군가 걸어갔을
이 칙칙한 어둠의 길을
지금은 비둘기도 날지 않는 새벽

긴 침묵 끝에 열리는
열차의 파열음소리
이 시대의
아침을 건너는 통증소리
피아노의 건반처럼
내 안을 아프게 때리는데
그대 지금
어디쯤 가고 있는가

아직도 나는 속수무책으로
역구내 낡은 시계탑의 언저리에서
천천히 개어오는 검은 하늘을 보고 있다

길게 누운 벤치 위의 노숙자들을 일으키는
아침을 수런대는 소리들
광장을 앞서 걸어가는데

그대, 이 시각
지금 어디쯤 가고 있는가

한세상

마음 빈자리의 행복 하나
늘 해바라기로 살라 한다

더욱 큰 것 바라거나
욕심내지 말고

작은 것 비하하거나
업신여기지 말고

맑은 하늘
상쾌한 하루처럼

달과 별처럼
언제나 밝게 살라 한다

서낙동강

한결같은 매무새와 치장으로
억겁을 지키고 있는 그 자리

산천을 벗하며 자연을 경계 삼아
논밭을 일구며
수확을 거들며

정연한 위치에서
물의 물로서 소통한 세월

넉넉한 품이었다가
자상한 마음씨였다가
고고한 기품이었다가

오늘도 우렁우렁 흘러가는
그의 심장 곁에서
칠백리 길의 옛이야기도
귀 밝혀 듣는다

가을 강

한 근원의 이별 이후
속내를 감추며
종일 시름으로 마음 달래는
저 울음 같은 물결소리
차례로 놓이는 강변

몇 개의 낙엽과
해 그림자가 떠 있는 피안에
나룻배 하나
온종일
하루해를 지키고 있는 명지나루

이별처럼
서러운 길손들이
하루해를 건지고 있다

귀갓길

나는 그쯤서
오늘의 나를 돌아본다
만져본다

반복되는 일상 속에서
온전히 나를 갈무리했는가를

촌각의 시간 속에서도
나의 이름을 유지했는가를

차례로 발걸음 놓이는
익숙한 길목에서
하루해를 마친 스스로를 뒤돌아보며

곧 닿을 나의 문패를 향해
오늘을 마감할
아직도 남은 투명한 해를
만져본다

간판

사람들의 눈을 빼앗기 위해
종일 올빼미 눈으로
벌서고 있다

나를 느낄 수 있도록
사철 그 자리 그곳에서
한세월 연륜을 쌓아가며
오래된 침묵처럼
기리는 세월

오늘도 낯선 이의 눈길을 잡기 위해
종일 서서 웃음으로 지키는
해바라기 같은
세월의 지킴이

치매

한세상 열심히 달려온 삶의 끝자락
어느 날 소리도 없이 찾아온 불청객
반겨주는 이 아무도 없건만
한 삶이 무너져 내린다

사랑은 미움으로
미움은 더욱 큰 불신으로
불신은 또 다른 의혹으로

생의 마감은 가까이 다가오건만
아직도 아침의 햇살만 바라보는 삶
땅의 운명을 좌우한다는 별들마저
무심히 빛나고만 있을 뿐

삶은 저만치 달려만 가는데
방황하는 정신의 불치병은
아직도 현재진행형이다

건망증

길을 걷는다
설핏 지나는 사람이
낯이 익다

어디서 본듯한 사람
누구일까
아무리 기억을 유추해 보아도
통 기억이 나지 않는다

그러다
골목길에서 또 누군가 마주친다
낯이 익은 것같아
어느덧 서로 목례하며 지났건만
종일 생각해도
기억나지 않는 사람

밤 자다가도
꿈결로 오는 그 사람
어디서 보았던가

차를 마시며

얼마만인가
나를 돌아보며
시간을 잊고
그때 그 시각을 잊고
그리움 속의 나를 명상하는 시각

텅빈 시각의 하오
오늘의 나를 붙잡고
지난 세상의 나이테를 헤아리며
골똘히 사색에 들면

우울을 만지는 찻잔 속의 눈동자가
차례로 입력되고
지난 세월의 흔적들
어느새 풍경으로 물들다

일몰

오늘과 내일의 경계선
숨이 가쁘다
그림자가 깃들기 전
모든 자연들을 일렬로 세워놓고
형형색색으로 물감을 들이는 시각

세상에 얽힌 사연들이
오늘을 마무리하며
내일의 시작을 예고하며
저마다 불투명한
하루를 견고히 하는데

온 산야를
한 무리의 빛깔로 단장하며
가쁜 숨결로
차례로 능선을 오르는
해 그림자

숲으로 가는 길

세속의 근심 걱정 털어놓고
조금씩 기울어진 나무들 사이로
산정으로 오르는 길

주위의 익숙한 풍경들과
낯선 하루가 함께 어울린다

이때쯤
아직도 정리되지 않은 명상은
깊은 의미의 화두가 되고

여울물 따라가는 세월은
한 박자 늦게
지난 추억을 이야기하며
오래된 낭만 하나와
귀먹은 바위처럼 함께
산을 오른다

4

현재와 미래

홀로

은하수 뒤에
숨은 그림자 소리쳐 불러도

들녘 잡초들
이내 바람에 쓰러지고

고목나무 매미소리
여름을 삼켜먹고

숲속 귀뚜라미
가을 속을 부지런히 따라가면

혹한의 겨울밤
언 땅 위엔
외로운 그림자 하나만 남겠네

꿈속에서

꿈속에서 꿈을 보았다
억겁의 해와 달이 엉겨
무한적막을 벗삼아
불안한 세상의 평화를 이야기하는 것을

통일의 탑처럼 높은 하늘 언저리에서
세계의 자유를 이야기하는 것을

언제부터였을까
가슴 안의 고통
역겨운 세상살이의 통증
나를 무등 태우고
해탈 같은 가르침을 주며
먼 하늘로 오르던 것을

꿈속에서 꿈을 보았다
세상 오만가지의 생활이 엉겨
꿈속에서 꿈으로 살아가는 것을

모닥불

호올로
밤새 열락을 꿈꾸었다

먼 데
겨울산의 기침소리 들리고
바람만 휑하니 지나는 광장

서늘한 달빛 동무하며
처절한 몸부림으로 자신을 벗겨
주위를 밝히며
오늘도
얼어붙은 몇 사람을 붙들고

엄동을 물리치려
온밤을 뜬눈으로 지새우는
저 열혈한 광기같은

산사의 봄

인물을 달리한 모든 것들이
햇볕의 양지 곁에서
그의 이름을 뽐내고 있다

이를테면
갖가지 형상으로
앉고 서고 더불어 손잡고
화목으로 피어나는 꽃들

법문 읽는 소리에
초록빛으로 나누는
반가운 산사의 아지랑이들

귀를 더욱 맑게 하며
잔잔한 미소가 되는 하오

산정의 뭉게구름들
하늘 언저리에서
종일 풍경으로 머물고 있는
내원사 부근

터널 속에서

모든 것은 소리 안에서 소멸된다

소리들이 엉겨 팽창하며
아우성으로
무료한 순간의 적요를 지나고

뭇소리들이 닿아
서로를 할퀴며 일으키는
단말마의 비명

세상의 마지막 참혹한 절규로
소리들이 일으키는 전쟁터

해변로

바다와 어울린 이 길에서
한 시절의 우화와 어울린다

맑고 깊은 영겁의 세월동안
서로의 벗이 되었던 사연들과
자연과 살아있는 것들의 동행을

이따금 새들도 지나고
상큼한 공기들 동무하며
날으는 잠자리떼 무리

수평선을 헤엄쳐 오는
먼– 바다 이야기들이'
통과하는 이곳에서

오늘도
천년을 지난 옛이야기에
가만히 귀 기울이며 지나는
길들의 동행

달빛

홀로 된 나뭇가지에 앉은 달빛
가지런히 묵상에 들고 있다
종일 운신하던 해가 떠나고
모두 서둘러 양지의 햇볕을 쫓아간 뒤
허무한 공간 속으로
삶의 어둔 그림자
저 홀로 배회하는 밤

나그네길 어두워지는
길잡이로 떠나는
달빛 속의 바람으로
그네 뛰는데

어디선가
목련꽃 하나 열리고 있는 봄밤
아득히 먼 곳
기러기떼들
달 속에 둥지를 틀다

우체통

가슴앓이 한 사연도
뽀오얀 웃음의 희망 같은 날들도
한 축복처럼
하루를 기리는 곳

수많은 인연들이
과거와 현재와
미래를 들여다보며
이웃처럼 함께 동무하고 있는 곳

가고오는 운명마다
수많은 사연들이 꿈꾸는 신기루 같은 날

한 마디의 노여움도 불평도 없이
수십 년을 한결같이 묵언으로
그 자리를 지킨
삼거리의 빨강 우체통 하나

원두막

사계절의 지킴이로
늘 자연과 함께 하며
구구절절 사연도 많았을 그곳

나그네처럼 오고가는
사람들 이야기 벗삼아
한 시절 그리움이 되던 곳

늘 추억같은 이야기 한 아름
머물던 그곳

새들 바람들
그 혹한의 겨울에도
언제나 낯선 이방인처럼
하루를 지킨 그곳

단풍

오매의 핏기 없는 얼굴처럼
휑한 눈동자로
한 해를 지킨 훈장들
저마다
빨강
노랑
주황의
이름표를 달고 있다

오매의 탄력 잃은 주름처럼
가녀린 바람에도
무방비로
안쓰럽게 떨고 있는
세월의 무게
형형색색의 훈장들

그리움 속의 인연

내 안에서
너를 본다

거울처럼 맑고
푸른 모습을

언제나 저문 이야기처럼
수줍고 투명한
단정한 너의 모습은

언제나
내 마음 안에서
거울처럼 산다

이리도 맑은 향기로
내 안을 점령한
가을처럼 빛나는 너는

등대

오로지 밤이면
살아 숨쉬는 대양

바다가 광란할수록
우뢰와 번개가
빗소리 사나울수록
더욱 분주해지는 시각

밤새 사투를 벌인 대양 속에서
길 잃은 배 하나 견인하며
아침해를 만지는
늠름한 저 기상

하루를 천년처럼 사는
저 거룩한 위용

새

공중 높이 나는 새를 보며
인간 사는 세상을 생각한다

하나의
공간을 놓고
서로의 삶을 지탱하려
온갖 몸부림으로
하루를 유지하고 있는 세상사

모든 것을 비우면
새처럼 더욱 가벼이 날 수 있을

무한의 자유를 담보한 채
오늘도
각자의 이기주의적 삶으로
저마다 초라한 역사를 쓰고 있을
수많은 군상들
오, 새의 자유여 평화여

현재와 미래

언제나 우리들은
하나의 의문으로 서로를 지켜보고 있을까

세월의 한치 앞을
내다보지 못하는 우리들이
어깨동무로
그래도 세상 사는 이야기로 분주할 때쯤
이미 미래는 운명처럼
가까이 오고 있다

눈높이로 바라보면
모든 것은
나의 중심인데
앞서가는 나와
나란히로 가는 한 시절이
나를 무등 태우고
우두커니 세월처럼
현재를 거느리고 있다

사막

모래의 집을 짓고 있는 바람들
눈먼 장님처럼
하루해를
길을 잃고 헤맨다

한 덩어리 모래언덕에서
온종일 불을 질러놓고
통곡하고 있는
불의 집

불꽃놀이

차례로 헹가래로 오르는 아우성이
무한창공에서
소멸되는 저 통곡-

신명난 춤사위로
마지막 생生을 유언하는
그 바다 근처에서

세상이 불타는
일각의 시간을 보며 혼절하는
광란의 불의 빛

이 지구의 마지막 같은
온 하늘을 점령한
저 혼불

무한 창공에 꽂히는
사람들의 눈과 어울려
일시에 주검을 눕히며
소멸되는 광란의 아우성

5

세월소리

돌부처

그의 안에서 일으키는
내부의 소리를 듣는다

피돌기로 천년을 윤회한
이 시대의 이야기를 미리 알고

지고한 깨달음으로
늘 우리 안에

거룩한 이름 하나 새기고 있는
저- 온화한 미소

세월소리

동지섣달 밟고 오는
세월소리
잘 있느냐, 잘 있느냐
깊은 밤 온누리는 설야 속을 헤매는데
이름 모를 산사에서 들려오는
목탁 소리

백설 위를 밟고 오는
꽃신 소리
잘 살아라, 잘 살아라
초승달도 기꺼워 하얀 솜 뿌리는데
첫날밤 새색시의 수줍음처럼
눈은 계속 나리는데

섣달그믐 추위에도
새싹 돋는 소리
새 생명 탄생하는
처음의 울음소리
세월을 이어가는
희망의 울음소리들

기념사진

서로의 뜻과 의미와
생각이 일치하는 그날
이미 기십 년이 흐른
오늘을 예감이나 했을까

그 지정된 부동의 시각
표정을 마무리하며 남긴
옛이야기같은

순간을 지난 표정들이
다리 난간에 기대
일제히 웃고 있다

지금은 아무도 함께 할 수 없는
머나먼 세월의 뒤안길을
그 시절에 예감이나 했을까

유랑

지나온 세월은
그림자였을까
순간을 스쳐간 추억도
한 시절을 머뭇거린 나의 희망도
어쩌면
면목 없는 나의 자존심이었을까

내일을 목마르게 지키는
나의 환생 하나가
이 아침
나그네처럼 길을 물으며
나를 이끈다

아직도 낙엽 몇 잎씩 떨어지는 보도엔
낯선 이웃들이
무표정한 얼굴들로
이 계절을 전송하고 있는데

이 작은 교차로엔
아무런 수신호가 없다

안개의 날

냇가에서
강가에서
작고 큰 흔적으로
이내 마을을 점령한다

아직도 미명
뽀얗게 흐린 눈으로
세상 사는 사람들의 이야기처럼

밀집한 나무들의 고향
아주 작은 공간이나
미세한 틈새도 점령하며

아무 거리낌없이
하나가 되어 움직이다
해 오르면 사라지는
저 비밀한 오만

외나무다리

세상에서
홀로이 할 수 없는 것은
먼 기다림을 전제로
고독을 앓는다

언제부턴가
갖가지 사연을 짐지고 산 인연들이
순간을 위하여
기다림에 익숙해진 인고의 세월을 살듯이
늘 한편의 길로 마중하는
외줄기의 근황은 목이 마르다

물빛 속에 어리우는
자신의 역사를 벗삼아
나무들 숲들 배경으로
한 생애를 짐지고 사는
융통성 없는 그의 목마름이
한 고독처럼
오늘도 한 인연처럼
낯선 길손을 기다리고 있다

기일忌日

달빛 푸른 고즈넉한 밤
늙은 소나무 정수리에
가끔 바람이 얹히는 밤

머나먼 황토길을
가만 가만 이승을 건너오신
아버님 기척에
두손 모으며
여든 세 해
우리들의 마음의 깊이에
큰 흔적을 두고가신
당신을 생각합니다

아직도 바람은 찬데
당신의 크나큰 자리
늘 마음 안에 간직하며
한 생애를 기리는 밤

모든 사물들이
울음 깊은 사연처럼
침묵하는 이 밤

고독

아직도 미진한 나의 목표는
나를 지키지 못한다

늘 희망으로 달려온 가능성은
붙박이로
나의 이름 석 자와 함께 있지만
곤혹스럽게도 비밀스럽게 지키는
나의 영역은
늘 방비가 허술하다

세상과 소통할 언어를
아직 갖지 못하는 내가
오늘도 목표 없이 이리도 헤매는 것은
웬 일일까
알곡을 거두어간
빈 들녘을 혼자 지키는 허수아비처럼

한세상

이제사
너와 나
인연으로 만나
함께 하는 삶

어느 순간 서로 어긋난
매듭을 풀고
앙금을 풀고
울음도 풀어 보자

이리도 화목한 날에
닫힌 문 모두 열고
멀미난 옛이야기도 버리고

생활의 안팎에서 근심이 되었던
모든 화근도 풀고
생전의 아름다운 이야기만
벗하며 한세상 살자

가을 새

강물을 차며 비상하는
저 새 어디로 날을까

만 리 창공을 저어서
마침내 닿는
그 섬에서 둥지 틀고
종일 심심한 풍란 곁에서
저물지 않는 이 세상을 노래할까

오늘도 강변에서
이미 떠난
새들의 울음 들으며

나무들 미리 벗은 몸으로
빈손으로 쓸쓸한
자기 나이를 읽고 있다

그날 이후

모든 것은 순식간에 잊혀졌다
내가 기리던
늘 푸른 희망 하나도
아침 안개처럼 불안했다

황야에 멈춘 바람도
제각기 혼돈으로 방향을 잃고
제멋대로
온종일을 가을처럼 울었다

내가 지녔던
작고 아름다운 희망 하나도
아무런 의미도 지니지 못한 채
허무로 남았다

그가 떠난 후

사격장

이동하는 표적을 따라
일각의 시간을
긴장한 야수의 눈으로
번뜩이는 동안

변경되는 모든 것의 위치는
내 안에서 차례로 입력되고
마침내 심장을 관통하는
빛의 환희

조준은 필사적이어서
순간 허파를 멈춘 사이
과녁에서 일어나는
피의 파열음을 동시에 듣는다

고독을 말하며

남이 미처 모르는
내 안에 습득된 의미 하나

오늘 종일
나를 앓게 하다가

아무런 해답 하나 주지 않고
앙금으로 남아

종일 지울 수 없는 쓸쓸한
물음표 하나 가진다

인형

늘 푸른 나무들처럼
희망 꿈꾸기로 있어도

심심하고 외로워도
스스로 옮겨갈 수 없는
그가 지키는 한 뼘의 영역에

오늘도 낯선 하루해가 지나고
밤별이 돋고
무수한 사연이 지난다

무게나 부피를 늘일 수 없는 그가
하나의 증언처럼
무거운 손수레를 끌고가는
고장난 벽시계 아래서
십년을 한결같이 산다

오해

오래 간직할수록
나를 더욱 불신하는 것

세월 가면
더욱 앙금으로 남는 것

꿈속에서도
가위눌림 하는 것

더욱 오래 두면
용광로같이 폭발하는 것

삼남의 눈

눈이 온다

온 산야를 물들이며
어느덧 마을까지 점령하고

모든 세상의 근엄함을 지우며
참으로 고요한 말로
서로를 위안하며
삼남에 눈이 내린다

위장한 세상을 지우며
얼룩진 세상도 도배하며

눈을 감고 온종일 기별 없이
내리는 눈

눈 속에서 까치들이 나는
세한도 歲寒圖

어제 오늘 삼남에 계속 내리는
눈 눈 눈 …

| 도종길 시집 해설 |

서정시의 폭넓은 영역과 다양한
주제를 상징시로 유화한 시편

시인 최 창 도

■ 도종길 시집 해설

서정시의 폭넓은 영역과 다양한 주제를
상징시로 유화한 시편

– 도종길 시집 『새벽을 떠나는 전언』

시인 최 창 도

　현대시에 있어 주체는 삶과 생활을 매개체로 한 감정과 감성의 순화에서 오는 자연적 구도나 사실적 의미의 근거에서 오는 내용이 모티브motive가 될 것이다.
　자연적 구도란 시각적 의미의 풍경이나 물상 혹은 정물 등을 포함한 인위적인 구도 설정도 한몫 할 것이다. 이런 의미에서 볼 때 시의 수사나 묘사는 심성에 근거한 이미지image가 우선될 것임은 분명할 것으로 보여진다.

　도종길 시인의 시집 『새벽을 떠나는 전언』은, 어떤 결과론보다는 모든 것의 시작과 발효를 희망적 견해를 암시한 새벽의 출발선상에서 세상을 폭넓게 관조하며, 발전과 비약 혹은 미래의 새로운 희망을 가지는 여러 면모의 시들을 결연한 의지로 표정해 주고 있다. 이제 그의 시를 일별해 보면서 감상해 보자.

변하지 않는 사랑이 어디 있으며
무릇 변하지 않는 우정이 어디 있으랴

꽃이 피고 지듯
먹장구름 순식간에 비가 되듯
모든 것은 그렇게 변해가는 것

이 세상에
변하지 않는 삶이 어디 있으며
변하지 않는 운명이 어디 있으랴

바람에 흔들리고
때로는 비에 젖으며
변화무쌍한 자연의 섭리로
또 그렇게 변해갈 것이다

손가락 걸고 맹세한 사연도
세월 지나고
마음 떠나면
변하는 것

다만
변할 수 없는 것은
오늘도 신선한 새벽의 아침을 떠나는
영원불변의 진리일 것이리라

———「새벽을 떠나는 전언」 전문

시집의 표제어가 된 이 시는 나날이 변화하는 문명과 새로운 시대적 흐름에 우리가 유념해야 할 정신적 지주인 유가풍의 도덕적 관념에 무게를 둔 교훈적 계몽시로, 시인이 가지는 삶의 한 표준을 쉬운 시어로 안정미를 추구한 의미적 요소의 시이다.

　현재는 자기를 중심으로 한 이기주의 삶으로 경쟁 승부하는 시대다. 재론하자면 시대에 낙후되지 않기 위해 처절한 삶의 현장을 지키고 앞서 나가야 평가받는 물질만능주의 사회를 일면 유화한 시로 현장감 있는 시대성을 평가한 시로 보여진다.

　첫연의 제시어의 싯귀를 맨 끝 연에 마치 도치법의 형식으로 변화를 준 것이 특이한 이 시는 진실성reality을 바탕으로 한 독백체의 모놀로그monologue로 전연을 유지하고 있다.

　그리고 마지막 결구인 '영원불변의 진리일 것이리라'는, 어쩌면 역경과 고난의 삶 속에서도 늘 시작과 함께 보람과 비약의 상승효과를 감안한 교훈적인 의미로 동행하는, 희망적 견해를 시사한 것으로 시의적절한 잠언적 싯귀로 평가할 만하다.

　　　처서를 달려오는 바람
　　　뭔지 모를 가을의 외로움 같아

　　　가만히 시집 한 권 펼쳐들고
　　　시상을 떠올리며

　　　주옥같은 시어들을
　　　흥얼거려 보건만

읽던 책 벗어두니
마음 안에 담아두었던 시어 사라지고

한 구절 읊어보려
느낌 속에 빠져 봐도

찾는 시어 다시 오질 않고
시름만 가득하니

하염없이 부질없는
바보 같은 생각에

왼종일 깊은 생각에 헤매이다
하루해를 전송하네

─「시상을 떠올리며」전문

 어떤 일이나 순서와 과정이 있기 마련이지만 시인이 시 한 편을 완성한다는 것도 결코 쉬운 일이 아니다. 늘 작품세계 안에서 생활하고 그에 근접한 시간들을 향유한다 하더라도 우선 시는 느낌으로 오는 발상과 주제 설정, 소재의 선택, 그리고 수사와 묘사를 함묵한 초벌쓰기와 추고의 과정이 재련-연마-가공의 순서를 가진다.
 어느날 시인이 가을과 함께 오는 고독과 외로움을 근거로 시 한편을 완성하려 각고의 노력을 기울여 보지만 생각대로 잘 되지 않는 순간을 회화하며, 의미적 요소를 찾기 위해 안간힘을 쓰는 정신적 고뇌가 직유로 잘 나타나 있다. 과정을 이끌어 가는 변화 variation가 자못 익살스럽다. 순간의 발상을 근거한 비교적 쉬운 시어들로 얼마든지 좋은 시를 쓸 수 있다는 본 보기를 보여주는 시이다.

  차디찬 겨울바람
  광풍으로 춤을 춘다

  겨울의 끝자락
  알지 못하고

  강 건너 봄의 소리
  미처 듣지 못하고

  매서운 겨울바람
  돌풍으로 춤을 춘다

  언 땅 아래 약동하는
  새순 있음 모르고

  가는 계절 동무해서
  떠나갈 줄 모르고

  새순 돋아난 후
  그때야 후회하는

  오고감을 알지 못하는
  우둔한 저 겨울바람
    ———「겨울바람」전문

전연을 각 2행씩으로 이끈 이 시는 동動적인 바람과 정靜적인 계절을 은유한 시로, 즉, 겨울이 가고 봄이 오는 과정을 회화적 요소와 의미적 요소로 전개시키고 있다. 변화 variation적 시적 기교도 무리 없이 순화여과하고 있어 서경적인 면모의 시로 분류할 만하다. 간결한 문체의 시어들이 각 시행마다 일정한 안정미를 추구하고 있어 더욱 돋보이는 시로 계속 암시성의 효과를 진작시키는 시이다.

그리고 마지막 6~8연의 〈가는 세월 동무해서/ 떠날 줄 모르고/〉 〈새순 돋아난 후/ 그때야 후회하는/〉 〈오고감을 알지 못하는/ 우둔한 저 겨울바람〉은 인간의 생활면과도 어느 정도 상치하는 과정과 면모로 전반부와 함께 공감각적 synesthetic 의미도 함께 하는 시이다.

계속 불어오는 차가운 겨울바람도 이미 언 땅 아래 봄이 약동하는 모습을 알지 못한다. 오직 자기 천지인 양 위세를 부리지만 세상은 질서와 차례와 윤회가 있는 것, 그 변화를 모르는 자기만의 유아독존적인 이기주의를 극복하지 못하고 한 생애를 살아가는 우리 인간들은 얼마나 나약한 존재들인가. 자연과의 비교론적인 존재감을 이 시는 간접적으로 그의 해답을 가르쳐 주고 있다고 하겠다.

    어릴 때
    아주 어릴 때
    가위로 오려 접고
    적당한 물감칠로
    또래의 친구들과
    여울가에 앉아 띄우면

풀잎에 멈춰서고
　　　더러는 작은 돌멩이에 부딪히며
　　　앞서거니 뒤서거니
　　　아슬아슬하게 가던 배
　　　손뼉 치며 큰소리로 응원하던
　　　종이배
　　　지금의 세월처럼 인생처럼
　　　앞서거니 뒤서거니
　　　나부끼던 그 종이배

　　　　　———「종이배」 전문

　경쾌한 동요적 음악적 리듬으로 어떤 하모니를 가지는 이 비연시는 역동적dynamic인 이미지까지 거느린다.
　그것은 소싯적 또래들과 어울려 종이배를 띄우며 물소리와 함께 떠내려가는 과정에서 그 종이배가 온갖 난관을 극복하며 많은 지형지물과 부딪혀도, 결코 아슬하게 흘러가는 것과 지금의 우리의 인생사도 그 종이배처럼 앞서거니 뒷서거니하며 어떤 목적과 이유를 바탕으로 힘겨운 생활로 고군분투하며 살아가는 과정이 자못 재미있게 합일되는 역동적인 시이기 때문이다.
　수사와 묘사가 완연일체로 제각기 구실을 하고 있는 것이 시인의 역량을 더욱 돋보이게 하는 이 비연시는 참으로 맑고 단아한 시어들을 구사한 참신성이 돋보이는 시이다.
　실제 현장에 있는 듯한 감동을 느끼게 하는 시로 긴장감을 늦추지 않는 시적 기교가 놀랍다. 그렇다. 추억은 늘 우리 가까이 산다. 언제나 우리가 일깨우는 동심의 세계는 즐겁기 마련이다.

 어쩌면 영상미적인 기법을 가미한 이 시는 시적 요소인 음악적, 회화적, 의미적 요소를 두루 갖춘 시로, 더없이 맑고 푸른 어린 시절을 회상하며 마지막 맨끝 3행에서 인생을 대비시키며 공감각적인 의미로 마무리한 것이 더욱 이 시를 수준 높은 역작으로 평가하는 데 아무런 이견이 없어 보인다.

 시의적절한 시어들이 하나의 요소마다 시작과 과정, 절정을 마무리하는 데 있어 결정적 역할을 하고 있는 수준 높은 가작이다.

> 가리라
> 돌아가리라
> 누군가 걸어갔을
> 이 칙칙한 어둠의 길을
> 지금은 비둘기도 날지 않는 새벽
>
> 긴 침묵 끝에 열리는
> 열차의 파열음소리
> 이 시대의
> 아침을 건너는 통증소리
> 피아노의 건반처럼
> 내 안을 아프게 때리는데
> 그대 지금
> 어디쯤 가고 있는가
>
> 아직도 나는 속수무책으로
> 역구내 낡은 시계탑의 언저리의

천천히 개어오는 검은 하늘을 보고 있다

길게 누운 벤치 위의 노숙자들을 일으키는
아침을 수런대는 소리들
광장을 앞서 걸어가는데

그대, 이 시각
지금 어디쯤 가고 있는가
─────「가고파」 전문

 이 시의 모티브motive는 어떤 깊은 사랑과의 헤어짐, 혹은 어쩔 수 없는 운명적 결과로 이별한 한 슬픔의 인고를 적나라하게 묘사하며 현재의 심정을 통분하고 있는 시로 극렬한 자기고통을 감내하는 내면의 의지가 이 시를 지배하고 있다.
 방금 플랫폼에서 이별한 어쩌면 한 여인을 그리며 아직도 열차의 파열음이 귓가에 쟁쟁한 순간에서 이루지 못할 혹은, 함께 하지 못할 순간을 매우 심플simple하게 통곡 절규하고 있는 현장시로 평가할 만하다.
 의태법의 이 시는 첫연과 마지막연을 변화를 준 것에 의미를 부여하고 싶다. 즉 첫연의 〈가리라/ 돌아가리라〉와 맨끝연의 〈그대 이 시각/ 어디쯤 가고 있는가〉는 서로의 형평성이 다른 길을 지목함으로써 각자의 나뉘어 가지는 삶, 결코 합일할 수 없는 순간을 암시성으로 묘사한 점을 높이 사고 싶다.
 더구나 전연체가 주는 압권은 2연과 5연의 〈그대 지금 어디쯤 가고 있는가〉의 애끓는 절규의 호격조사로서 공시적共時的 효과를 노린 점은 탁월하다 할 것이다.

한세상 열심히 달려온 삶의 끝자락
　　어느 날 소리도 없이 찾아온 불청객
　　반겨주는 이 아무도 없건만
　　한 삶이 무너져 내린다

　　사랑은 미움으로
　　미움은 더욱 큰 불신으로
　　불신은 또 다른 의혹으로

　　생의 마감은 가까이 다가오건만
　　아직도 아침의 햇살만 바라보는 삶
　　땅의 운명을 좌우한다는 별들마저
　　무심히 빛나고만 있을 뿐

　　삶은 저만치 달려만 가는데
　　방황하는 정신의 불치병은
　　아직도 현재진행형이다
　　　　　———「치매」 전문

　현대병에서 거의 불치병이라고 하는 치매는 인지능력과 사고의 결여, 그리고 과거를 망각한 병으로 흔히 치유불능으로까지 일컫는다. 시각적인 시로 의미화한 직유적인 시로 회자한 이 시는 아마도 시인이 불치병인 치매의 어쩔 수 없는 현재를 더욱 극명하게 말하고자 함일 것이다.
　지금까지 나름대로 열심히 살아온 것의 한꺼번에 무너짐, 그리고 더욱 진전되는 사고의 결여, 마침내는 나무등걸 같은 정신적인 공동으로 이어지는 무시무시한 병을 차분한 시어로 명징 짓고 있다. 여기서 3연의 〈아직도 아침의 햇살만 바라보고 있는 삶〉 〈땅의 운명을 좌우한다는 별들마저/ 무심히 빛나고 있을 뿐〉은 앞으로 더욱 발전될 의학적 소견으로 어쩌면 병을 치유하기 위한 기적 같은 작은 희망과, 어쩔 수 없는 지금의 현실을 대비시킨 시행으로 시의적절한 시행이라고 본다.

그리고 맨 끝연의 〈아직도 현재진행형이다〉라는 난치병인 치매를 대책 없는 병으로 치부하며 함께 하는 아픔을 조화 대비시킨 시어로 우리들 마음을 더욱 숙연하게 한다.

은하수 뒤에
숨은 그림자 소리쳐 불러도

들녘 잡초들
이내 바람에 쓰러지고

고목나무 매미소리
여름을 삼켜먹고

숲속 귀뚜라미
가을 속을 부지런히 따라가면

혹한의 겨울밤
언 땅 위엔
외로운 그림자 하나만 남겠네

──「홀로」 전문

한해의 끝자락, 즉, 가을과 겨울을 마감하는 시점을 기점으로 현재의 심성을 유화한 시로 꾸밈없는 소박한 시어를 통하여 진솔한 심정을 여과 없이 투영하고 있다. 여기서 첫연은 단연 압권이다.
　〈은하수 뒤에 숨은 그림자 소리쳐 불러도〉는 온 세상과 대자연을 향해 소리쳐 불러보아도 되돌아오는 것은 필경 메아리 뿐이라는 것을 간접 은유하고 있다.
　적요한 심성을 못다한 계획과 희망들을 직시한 어떤 고뇌와 외로움을 하소연 한 시로, 어쩌면 '인간은 어떤 순간엔 모두가 자기 혼자이다' 라는 것을 독백하며 현재의 자기를 자학하는 이 시는, 또 다른 내년을 기약하며 새로운 희망과 뜻으로 시인을 비유하는 시로 결구의 〈외로운 그림자 하나만 남겠네〉의 '그림자' 는 시인 자신을 은유한 것으로, 또 다른 시작을 위한 결연한 의지로 햇볕의 양지를 꿈꾸는 희망적 견해가 동시에 전연체의 효과를 도모하고 있다.

　　　그의 안에서 일으키는
　　　내부의 소리를 듣는다

　　　피돌기로 천년을 윤회한
　　　이 시대의 이야기를 미리 알고

　　　지고한 깨달음으로
　　　늘 우리 안에

　　　거룩한 이름 하나 새기고 있는

저- 온화한 미소

──「돌부처」 전문

  4연 8행의 짧은 이 시는 참으로 빼어난 시이다. 무생물인 돌부처를 환유법으로 상징 지으며 관념적 종교론을 비약시킨 시로 탄력적 표현미가 돋보이는 시이다. 간결한 문체의 시어들을 배열한 감각적인 수사가 일품이다.
  하나의 돌부처에서 내부의 소리를 듣고 '피돌기로 첫연을 윤회한' 의인법은 단연 돋보인다. 그리고 4연의 '깨달음', 5연의 〈저- 온화한 미소〉는 환상적인 분위기까지 자아내는 시로 가작이다.
  한국적인 정서가 물씬한 이 시는 콘텐츠contents 자체가 정서sentiment 자체로 순화되는 개연성도 가지는 시로 높이 평가할 만하다.

    동지섣달 밟고 오는
    세월소리
    잘 있느냐, 잘 있느냐
    깊은 밤 온누리는 설야 속을 헤매는데
    이름 모를 산사에서 들려오는
    목탁 소리

    백설 위를 밟고 오는
    꽃신 소리
    잘 살아라, 잘 살아라
    초승달도 기꺼워 하얀 솜 뿌리는데

첫날밤 새색시의 수줍음처럼
눈은 계속 나리는데

섣달그믐 추위에도
새싹 돋는 소리
새 생명 탄생하는
처음의 울음소리
세월을 이어가는
희망의 울음소리들

──「세월소리」 전문

 여기서의 '세월소리'는 시간, 즉, 우주가 공존하는 한 계속 변화하는 모습들에 초점을 맞추고 있다. 결코 언제 어디서나 멈출 수 없는 시각, 그 시각이 세월을 만들고 다양한 생물들이 숨쉬고 이 지구를 거느리는 그 세월 앞에 생활과 환경과 살아가는 뭇생명들이 공존하는 것이다.
 연마다 6행씩을 거느린 이 시는 자연의 법칙인 자전과 공전, 나아가서 생명을 가지는 모든 것의 윤회론을 자연발생적으로 치열하게 나열한 시로, 1연의 '잘 있느냐 잘 있느냐'와 2연의 '잘 살아라 잘 살아라'로 명징지은 반복어 형식의 내재율을 일부 도입함으로써 이 시를 더욱 차원 높은 시로 승화시키고 있다.
 더불어 3연의 '새싹 돋는 소리', '처음의 울음소리'로 리듬을 가미한 이 시는 반복어의 연결선상에서 3연 모두가 연결성과 함께 특징성을 가진다고 보면 될 것이다.
 사물을 보는 시인의 폭넓은 이미지가 세월과 자연과 생명의 탄생, 그리고 희망적으로 살아가는 변화를 가미시킴으로써 동질성을 가지는 화법으로 이 시를 재련하고 있는 것이 돋보이는 시이다.

  도종길 시인은 처음의 시집이면서도 여기 상재한 80편의 시에서 보듯 서정시를 중심으로 한 교훈적인 시와 잠언시, 그리고 관념시와 심미적인 시들과 생활시, 명상시들을 다양하게 선보이고 있다.
  세분해서 말하자면, 각 표제어가 주는 시들의 다양성과 상징성은 사물을 보는 그의 깊은 경험적 식견과 세상을 관조하는 폭넓은 의미의 통찰력의 소신일 것이다. 앞으로 문학적 깊이의 꾸준한 자기성찰로 더욱 주목받는 시인으로 자리매김할 것이라고 보여진다.

도종길 시집

새벽을 떠나는 전언

인쇄일 | 2013년 11월 5일
발행일 | 2013년 11월 15일
지은이 | 도종길
펴낸이 | 최장락
펴낸곳 | 도서출판 두손컴
주　소 | 부산광역시 부산진구 부전로 35. 301호(부전동, 삼성빌딩)
전화 : (051)805-8002 팩스 : (051)805-8045
이메일 : doosoncomm@daum.net
출판등록 제329-1997-13호

ⓒ 도종길 KOREA
값 10,000원

ISBN 978-89-97083-76-3　03810

＊ 저자와 협의에 의해 인지를 생략합니다.
＊ 잘못 만들어진 책은 바꾸어 드립니다.

「이 도서의 국립중앙도서관 출판시도서목록(CIP)은 서지정보유통지원시스템 홈페이지(http://seoji.nl.go.kr)와 국가자료공동목록시스템(http://www.nl.go.kr/kolisnet)에서 이용하실 수 있습니다.(CIP제어번호: CIP2013022795)」